nickelodeon

PAW PATROL

Preparados, listos... ¡al agua!

Título original: *Pups Save a Pool Day*
Primera edición: mayo 2017

Publicado por Penguin Random House Grupo Editorial, S. A. U.
Travessera de Gràcia, 47-49. 08021 Barcelona

Realización editorial: MYR Servicios Editoriales S. L.
Con la colaboración de Daniel Cortés

ISBN: 978-84-488-4746-3
Depósito legal: B-4970-2017
Impuls 45, Granollers (Barcelona)
BE47463

Hace un día muy caluroso y soleado en Bahía Aventura. Rocky y Rubble juegan en el parque.

—Necesito refrescarme —dice Rubble—. ¡Vamos a bañarnos a la piscina!

¡Pero cuando Rocky y Rubble llegan a la piscina, resulta que está vacía!

—¡Oh, no! ¿Qué ha pasado con el agua? —pregunta Rocky.

—No lo sé, pero tenemos que averiguarlo. ¡Este es un trabajo para la Patrulla Canina! —dice Rubble—. ¡Vamos!

En el Centro de Mando, Skye y Marshall están preparándose para pasar el día en la piscina.

—¿Estás listo? —dice Skye.

—Casi —contesta Marshall—. Solo me falta coger la toalla, la crema solar, el sombrero, agua y mi cómic de Súper Perro. ¡Ahora ya estoy listo!

Rubble y Rocky corren por la Calle Principal en busca de Ryder.

—Hola, cachorros —dice Ryder—. ¿Qué pasa?

—¡No hay agua en la piscina! —contesta Rocky.

—¿No hay agua? ¿Qué vamos a hacer ahora? —pregunta Alex.

—No te preocupes, Alex —dice Ryder, sacando su Paw Pad—. La Patrulla Canina lo arreglará.

Ryder pulsa el botón de alarma y llama a los cachorros al Centro de Mando.

Los cachorros se ponen en fila en la sala de control.

—El agua del depósito no llega hasta la piscina —explica Ryder—. Tenemos que averiguar por qué.

—Marshall, necesitaremos tu escalera para subir al depósito. Y Rubble, tu pala nos vendrá bien si tenemos que desenterrar alguna tubería cortada.

Todos los cachorros tienen muchas ganas de ayudar.

—¡Todos los demás, a la piscina! —dice Ryder.

Ryder, Rubble y Rocky llegan al depósito de agua. La plataforma que sostiene el depósito se ha roto, y además hay una tubería torcida.

—Habrá que enderezar el depósito antes de arreglar la tubería —dice Ryder—. ¡Necesitaremos la ayuda de más cachorros!

Ryder llama a Rocky y a Chase.

—Chase, vamos a necesitar tu grúa. Rocky, trae también tu carretilla elevadora.

—¡Cuenta con nosotros, Ryder! —ladran Chase y Rocky.

Cuando Rocky y Chase llegan al depósito de agua, los cachorros se ponen patitas a la obra.

—¡Venga, Patrulla, todos vosotros tenéis una tarea importante! —dice Ryder.

—Chase, ¿podemos utilizar el cable y el gancho de tu grúa?

—¡Por supuesto! —dice Chase.

—Marshall —le llama Ryder—. ¿Puedes subir ahí y enganchar el cable al depósito?

—¡Cable enganchado! —dice Marshall.

Con su excavadora, Rubble amontona tierra al lado del depósito.

—Buen trabajo, Rubble —lo felicita Ryder—. Ahora Rocky, levanta la plataforma de cemento con la carretilla elevadora, y así Rubble podrá meter la tierra debajo.

—¡Enseguida! —dice Rocky.

Mientras tanto, Skye ha tenido una idea para combatir el calor en la piscina y se ha ido volando a la cima de la montaña Jake.

—¡No hay nada más frío que la nieve! —dice Skye.

—¡Mirad! —dice Zuma—. ¡Ya llega Skye para refrescarnos!

Pero cuando Skye suelta la nieve, ¡cae toda encima de Zuma!

—¡Antes era un perrito caliente, y ahora soy un perrito helado! —exclama Zuma.

En ese momento, el resto de la Patrulla está terminando de reparar el depósito de agua.

Mientras Chase sujeta el depósito con la grúa, Rocky levanta la plataforma de cemento y Rubble echa tierra por debajo.

—Voy a bajar la plataforma —avisa Rocky.

El depósito por fin está enderezado, y Chase desengancha la grúa.

—¡Muy bien! —exclama Ryder—. Ahora, ya podemos arreglar la tubería torcida para que vuelva a correr el agua.

Rocky encuentra un trozo de tubería en su camión de reciclaje y la monta en su sitio.

—¡Esto debería servir! —dice Rocky—. Vamos a comprobar si ya funciona.

Ryder llama a Skye con el Paw Pad.

—¡Skye, vamos a dar el agua justo ahora! La piscina debería empezar a llenarse en cualquier momento.

—Gracias, Ryder —dice Skye—. ¡Preparaos todos, que ya viene el agua!

Los niños están esperando junto a la piscina cuando de pronto empieza a brotar un gran chorro de agua. ¡Ya pueden disfrutar de la piscina!

—¡Bieeen! —gritan todos.

Cuando la piscina ya se ha llenado del todo, Zuma anuncia:

—¿Estáis todos listos? ¡Una, dos y chapuzón!

Ryder y los demás cachorros llegan a la piscina.

—¡Gracias por arreglar la piscina, Patrulla! —dice Alex.

—De nada, Alex —responde Ryder—. Ya sabes, ¡si nos necesitas, solo tienes que avisarnos!